Erste Auflage 1987
Titel der Originalausgabe:
The Proverbial Mouse
Originalausgabe in Großbritanien
bei Methuen Children's Books Ltd 1987

Printed in Great Britain
ISBN 3 414 81742 X

IAN DEUCHAR / MOIRA MILLER

Die Maus im Spielzeughaus

Ins Deutsche übertragen von Ulli und Herbert Günther

BOJE VERLAG ERLANGEN

Mitten in der Nacht,
als niemand mehr wacht,
reckt und streckt sich die Maus,
besucht sie das Haus.

Leer ist ihr Bauch
und ihr Schwanz ist es auch.
Auf etwas zum Essen
ist sie versessen.

Flink, aber leise, auf mäusische Weise,
will sie es wagen, sucht etwas zum Nagen.

Der Mond scheint durchs Fenster.
Es ist alles ganz still.
Wer könnte auch fragen:
„Was die Maus bei uns will?"

Die Maus schnuppert und schnüffelt.
Dann reckt sie den Hals.
„Aha", sagt die Maus.
„Was sehe ich?
Milch und Äpfel, extra für mich!"

Flink, aber leise, auf mäusische Weise,
will sie es wagen, sucht etwas zum Nagen.

Und hopp, springt sie auf den Tisch.

Doch Milch und Äpfel, kleine Maus,
sehen jetzt ganz anders aus.

„Ha!" ruft der Kasper,
„glaube nicht, was dir der erste Blick verspricht!"

Leer ist ihr Bauch
und ihr Schwanz ist es auch.
Sie schnuppert und schnüffelt.
Dann reckt sie den Hals.
„Oho“, sagt die Maus.
„Was sehe ich?
Ein gelber Käse, extra für mich!“

Flink, aber leise, auf mäusische Weise,
will sie es wagen, sucht etwas zum Nagen.

Und tipp, tapp, tipp, läuft sie auf dem Tisch entlang.

Doch dieser Käse, gelb und rund,
ist für Mäuse ungesund.

„Quiek", sagt das Porzellanschwein.
„Glaube nicht, was dir der erste Blick verspricht!"

Leer ist ihr Bauch
und ihr Schwanz ist es auch.
Sie schnuppert und schnüffelt.
Dann reckt sie den Hals.
„Hallo", sagt die Maus.
„Was sehe ich?
Eine zuckrige Torte, extra für mich!"

Flink, aber leise, auf mäusische Weise,
will sie es wagen, sucht etwas zum Nagen.

Und sirr, rutscht sie an einem Seil hinunter.

Doch hat man dafür denn noch Worte?
Bei jedem Schrittchen trommelt die Torte!

„Achtung", knurrt der Holzkopf mit dem Schnurrbart.
„Glaube nicht, was dir der erste Blick verspricht!"

Leer ist ihr Bauch
und ihr Schwanz ist es auch.
Die Maus schnuppert und schnüffelt.
Dann reckt sie den Hals.
"Haha", sagt die Maus.
„Was sehe ich?
Ein Korb voller Eier, extra für mich!"

Flink, aber leise, auf mäusische Weise,
will sie es wagen, sucht etwas zum Nagen.

Und schwupp, springt sie hinunter und huscht über den Fußboden.

A
3
N
5
I

Doch diese Eier, glänzend und glatt,
sind nichts für eine Maus, die Hunger hat.

„Kakel, spektakel“, ruft das Spielzeughuhn.
„Glaube nicht, was dir der erste Blick verspricht!“

Die kleine Maus ist hungriger als je zuvor.
Ihr Bauch knurrt. Und sie singt:
„Leer ist mein Bauch und mein Schwanz ist es auch!“

Sie tanzt den kleinen Hungertanz.
Stampft mit den Füßen, zuckt mit dem Schwanz.
Rickety, tickety, tackety tuck!

Das hört die Katze.
In ihr ist Leben.
Sie streckt ihre Tatze.
Ihre Schnurrhaare beben.

Die kleine Maus tanzt ihren Hungertanz.
Stampft mit den Füßen, zuckt mit dem Schwanz.
Rickety, tickety, tackety tuck!

Hervor springt die Katze.
In die Milch patscht die Tatze.
Fauchen und Spucken.
Die Maus ist erschrocken!

Doch auf vier kurzen Beinen,
ganz winzigen kleinen,
flitzt die Maus superschnell
auf das allerhöchste Gestell.

„Quiek, quiek!", ruft die Maus aus sicherer Höhe.
„Was sehe ich?
Eine sehr dumme Katze,
nicht klüger als ich!"

„Wie wahr", brummt der dicke, braune Bär.
„Das zu glauben, fällt nicht schwer."

Die Maus schnuppert und schnüffelt.
Dann reckt sie den Hals.
Was liegt denn da?
Sieht sie auch recht?
Brot und Käse
und beides ganz echt!

Sie ißt voll Behagen
und füllt sich den Magen.
Prall ist ihr Bauch
und ihr Schwanz ist es auch.

Mitten in der Nacht,
als niemand mehr wacht,
schläft und schnarcht unsre Maus,
und die Geschichte ist aus.

ABCDE
1234